季節風

→ 南東(夏)の風向き　⇨ 北西(冬)の風向き

北海道の気候

夏はすずしく、冬は寒さがきびしい気候です。ほかの地域にくらべると、梅雨や台風の影響をうけにくいため、1年の降水量は多くありません。日本の総面積の5分の1ほどを占める広さがあり、太平洋側、日本海側、オホーツク海側で気候がちがってきます。

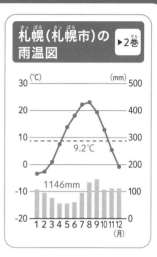

札幌(札幌市)の雨温図　▶2巻

内陸の気候

周囲を標高が高い山にかこまれ、湿った風の影響を受けにくいため、降水量が少なくなります。また、海からはなれているので、夏と冬の気温差や昼と夜の気温差が大きいことが特徴です。

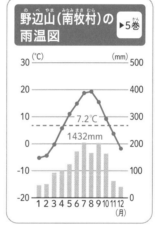

野辺山(南牧村)の雨温図　▶5巻

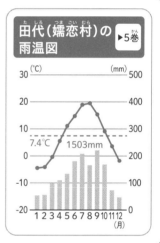

田代(嬬恋村)の雨温図　▶5巻

太平洋側の気候

夏に降水量が多く、冬は乾燥して晴天の日がつづくのが特色です。夏に南東からふく風は湿っているため、蒸し暑い日がつづきます。梅雨や台風の影響をうけやすい気候です。

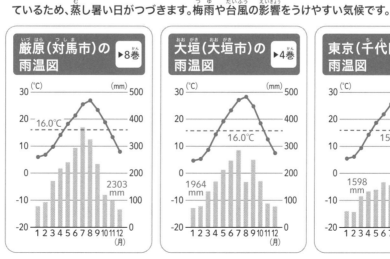

鹿屋(鹿屋市)の雨温図　▶7巻

厳原(対馬市)の雨温図　▶8巻

大垣(大垣市)の雨温図　▶4巻

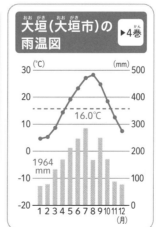

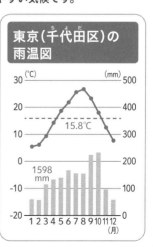

東京(千代田区)の雨温図

札幌

横手

十日町

田代

野辺山　東京

あたたかい土地のくらし

沖縄県

もくじ

⑤沖縄県の歴史

沖縄県に行ってみよう!

HOW TO USE

この本の使いかた

本文中に【➡P.22】【➡8巻】とある場合、関連する内容が別のページやほかの巻にあることを示しています。

グラフや表では、内訳をすべてたし合わせた値が合計の値にならないことがあります。また、パーセンテージの合計が100%にならない場合があります。これは数値を四捨五入したことによる誤差です。

データのランキングや生産量などは、数値が非公開となっている項目は入れずに作成している場合があります。

この本にでてくるマーク

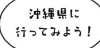

読むとちょっとものしりになれるコラムを紹介しています。

とりあげたテーマについて、くわしい人に話を聞いています。

三元豚*にくらべ

このマークがついている用語には役立つ情報を補足しています。

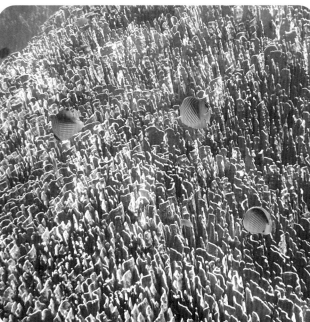

はじめに

　左のページの写真の美しい景色を見て、あなたはどんな思いになりましたか。海の色といい、生きものたちの色といい、何かちがう世界のことのように思えませんか。でも、わたしたちも見ることができる、現実の世界なのです。ここは、沖縄県の海のなかです。

　日本のいちばん南にある沖縄県は、たくさんの島が集まってできた県です。南西に向かって並ぶ島の多くは、きれいな海とサンゴ礁にかこまれています。とれる魚もカラフルなものが多く、市場には熱帯魚の図鑑を見るようにいろいろな魚が並んでいます。

　一年をとおしてあたたかく、ふりそそぐ太陽の光のもとで育つ作物は、じつに多くの種類があります。パイナップルやマンゴーなど南国の果実、ゴーヤー、とうがん、へちまなどの野菜もむかしからよく食べられてきました。沖縄県にしか生息しない特別な生きものも見られます。

　沖縄県の気候の特徴は、一年中あたたかいこと、そして台風の多さです。台風が発生するところに近いので、強い台風によくおそわれます。そこで、くらしもあたたかさや台風の多さにあわせてくふうされてきました。

　沖縄は国境に接した県です。台湾や中国と近く、とくに中国とは沖縄が琉球王国だった時代を中心に交流がありました。中国の文化や制度をとりいれてきたことで、独自の文化が栄えました。

　沖縄県は昭和時代、戦場となり、たくさんの子どもたちがなくなりました。戦後、アメリカに占領され、その一部となっていた時期もあります。いまでもアメリカ軍の基地があり、アメリカの文化から生まれたものも多く見られます。

　このようにさまざまな顔を見せてくれるあたたかい土地の沖縄県について、この本でいっしょに学んでいきましょう。

お茶の水女子大学　長谷川直子

① 沖縄県の気候と地形

日本のいちばん南にある沖縄県。一年をとおしてあたたかいのかな？ 島の大地はどんなふうにできているのだろう。気候と地形を調べてみよう。

沖縄県はどこにある？

日本の南西のはしにある島々

東京国際空港（羽田空港）から飛行機で約2時間半。約1550kmはなれた那覇空港に着きます。

日本の南西のはしにある沖縄県は、大小691もの島々からなり、そのうち人が住んでいる島は48あります。沖縄県の陸地の面積は約2281km²で、全国で4番目に小さな県です。でも、海までいれるととても広く、東西約1000km、南北約400kmもの海域に島々があります。

九州の南から台湾にかけて小さな島々が連なっている場所を南西諸島といいます。南西諸島の北部は鹿児島県、南部が沖縄県です。

沖縄県の西のはしの与那国島から台湾まではおよそ100kmしかはなれていません。那覇空港から台北松山空港までは約600kmで、飛行機では約1時間半で到着します。東京へ行くよりもずっと近いといえます。

これら沖縄県の島々は、北緯24度〜28度の間にあり、日本の気候区分では「南西諸島の気候」に入ります。

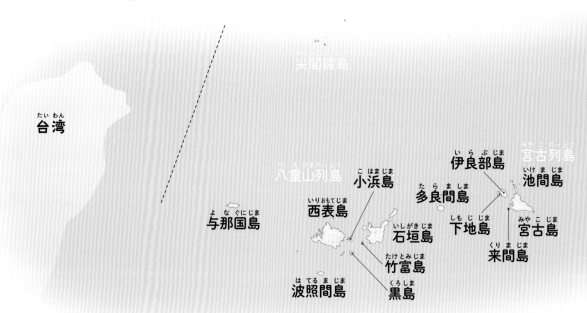

台湾

尖閣諸島

八重山列島　小浜島　伊良部島　宮古列島

与那国島　西表島　多良間島　池間島

石垣島　下地島　宮古島

竹富島　来間島

波照間島　黒島

■南の海に広がる
▼沖縄県の島々

北のはしの硫黄鳥島（無人島）から東のはしの北大東島、西のはしの与那国島、南のはしの波照間島まで、沖縄県の691の島々が広大な海域に広がっている。沖縄島の北のはしにある辺戸岬【➡P.10】から鹿児島県の与論島までは、およそ20kmしかはなれていない。

種子島

屋久島

たくさん島が
あるんだよ！

奄美群島

大島（奄美大島）

硫黄鳥島

徳之島

県境

沖永良部島

伊平屋島

伊是名島

与論島

鹿児島県

伊江島

東シナ海

久米島

沖縄島

那覇

沖縄県

太平洋

慶良間列島

沖縄諸島

北大東島

南大東島

ソウル

東京

上海

2時間15分

2時間30分

タイペイ
台北

20分

1時間30分

那覇

香港

500km

1500km

マニラ

2000km

■那覇市から
▼近隣国までの距離

那覇市から、上海（中国）、台北（台湾）、ソウル（韓国）までは、東京よりも近い距離にある。

◎GEBCOの地図データから作成。都市の位置は、上海浦東国際空港、香港国際空港、那覇空港、東京国際空港（羽田空港）、仁川国際空港、ニノイ・アキノ国際空港を用いた。

沖縄県那覇市と
ほかの都市を
くらべてみよう

海開き 沖縄県各地の海では、3月の春分の日のころから4月にかけて海開きがおこなわれる。写真は石垣島の海開き。

夏はすずしいってほんとう?

　沖縄県は黒潮が流れるあたたかな海にかこまれ、その気候は海の影響を強くうけています。いちばんの特徴は年間をとおして温暖なことで、那覇市の年間の平均気温は23℃前後。もっとも高い7月が29.1℃、もっとも低い1月でも17.3℃あります。とくに冬の気温が高く、東京とくらべると1月の平均気温の差はおよそ12℃、北海道札幌市との差は20.5℃もあります。

　反対に、海からの風のおかげで、沖縄県では真夏でも猛暑日(最高気温が35℃以上)になることはほとんどありません。意外に思うかもしれませんが、

最高気温は県外のほうが高いのです。これまでの日本の最高気温は、埼玉県熊谷市と静岡県浜松市で記録した41.1℃。那覇市は35.6℃です(2001年8月9日)。

那覇(那覇市)と東京(千代田区)の月平均気温と月別降水量

◎気象庁の発表した平年値(1991年～2020年の平均値)から作成。

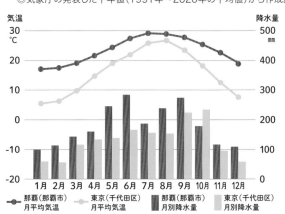

| 気温 | | 降水量 |

凡例:
- 那覇(那覇市) 月平均気温
- 東京(千代田区) 月平均気温
- 那覇(那覇市) 月別降水量
- 東京(千代田区) 月別降水量

本州より1か月早い梅雨入り

また、湿度が一年間をとおして高いのも特徴です。冬でも湿度は70％弱あり、梅雨の時期（雨が多くふる時期）には80％以上になります。2022（令和4）年1月の東京都の平均湿度は52％です。

湿度が高いのは、海にかこまれ、年間の降水量が多いことが関係します。沖縄県は冬も降水量が多く、東京（千代田区）の約2倍もあります。[*]

また、那覇市の降水量が5月と6月に増えるのは、沖縄県が本州より1か月早く、5月10日ごろに梅雨に入るため。この時期、北海道札幌市は降水量が少ないことがわかります。

沖縄県の梅雨は6月20日ごろに明けます。それからはやけつくような強い日ざしが照りつける、晴れの日がつづきます。夏には台風がやってきます。那覇市の8月～9月の降水量が多いのは、そのためです。

▲ 桜の開花 沖縄の桜はカンヒザクラという種類。1月中旬、沖縄県がいちばん寒いときに、沖縄島の北から開花する。

▶ かりゆしウェア
暑い沖縄では「かりゆしウェア」という沖縄でつくられたシャツが、しごとのときの正装として認められている。

10月になると新北風（ミーニシ）とよばれる北風がふきはじめ、ようやく沖縄の暑さが終わりをつげます。

[*]降水量が増える理由のひとつが、季節風です。冬になるとユーラシア大陸から沖縄島に向かってかわいた冷たい季節風がふいてきます【➡3巻】。季節風が東シナ海の上をとおるとき、空気よりあたたかい海面から大量の熱や水蒸気をとりこむため、雲が発生しやすくなります。

📊 那覇（那覇市）と札幌（札幌市）の月平均気温と月別降水量

◎気象庁の発表した平年値（1991年～2020年の平均値）から作成。

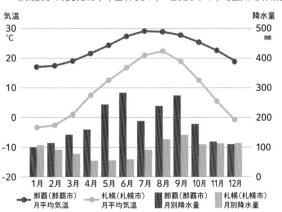

気温　℃
降水量　mm
1月 2月 3月 4月 5月 6月 7月 8月 9月 10月 11月 12月
- 那覇（那覇市）月平均気温
- 札幌（札幌市）月平均気温
- 那覇（那覇市）月別降水量
- 札幌（札幌市）月別降水量

📊 那覇（那覇市）と東京（千代田区）の月平均湿度

◎気象庁の発表した平年値（1991年～2020年の平均値）から作成。

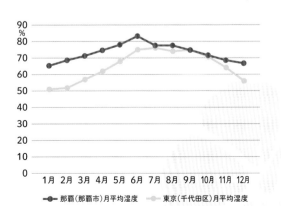

％
1月 2月 3月 4月 5月 6月 7月 8月 9月 10月 11月 12月
- 那覇（那覇市）月平均湿度
- 東京（千代田区）月平均湿度

サンゴ礁が大地をつくった

琉球石灰岩が育てた島

　沖縄島は南北約105キロメートルの細長い島で、北側は山が多く、一年中緑の葉をつけた樹木でおおわれています。このエリアは「やんばる」とよばれ、人があまり立ち入らないので貴重な自然がのこり、世界自然遺産【➡P.14】に登録されています。

　中部から南部は平坦な土地が広がり、農地や住まいなどの利用がすすんでいます。南部の喜屋武岬一帯は、琉球石灰岩でできています。石灰岩とは、はるかむかし、海のなかにいたサンゴや有孔虫とよばれる生きものなどが死んでつみ重なり、かたまったものです。いまわたしたちが見ている風景は、それらが長い年月をかけて地上に出てきたものです。

　このような沖縄島の北部と中南部の土地のちがいは、それぞれの成り立ちのちがいから生まれています。沖縄島はもともとユーラシア大陸の一部でしたが、いまから1000万年前以降に大陸のふちが引きさかれ、先に沖縄島の北部をかたちづくりました。那覇市のある中南部は、その島の周辺の海底につもった砂や泥が隆起※して、そこにサンゴ礁がかたちづくられました。

※土地がもりあがること。

📍 **沖縄島**

—辺戸岬

やんばる

恩納村

読谷村

那覇市

那覇空港

喜屋武岬

北側は山が多いね！

喜屋武岬　沖縄島のもっとも南にある喜屋武岬。ごつごつした琉球石灰岩の断崖がつづいている。

▲**座喜味城跡** 読谷村にある座喜味城跡。美しいカーブをえがく石垣は、琉球石灰岩をつんでつくられている。

琉球石灰岩をくらしに利用

琉球石灰岩のなかにはこまかな空洞がたくさんあるので割れやすく、やわらかいので人の手で加工しやすいという特徴があります。そのため琉球石灰岩は、むかしから家をかこむ石垣やお墓、道に敷いたりなどさまざまに使われてきました。世界文化遺産の首里城【➡P.38】をはじめとする城跡でも、琉球石灰岩をつんだ見事な石垣を見ることができます。

▲**琉球石灰岩** すきまが多くて加工しやすい。

◀**万座毛** 沖縄島の西海岸、恩納村にある万座毛では、琉球石灰岩の断崖が風化して、まるでゾウの鼻のような形になっている。

②沖縄県の生きもの

一年をとおしてあたたかい沖縄県には、ほかの土地では見られない生きものがいます。海や山を見に行きましょう。

サンゴ礁 テーブル状のサンゴがびっしり広がっている。

サンゴは海のなかに森をつくる

サンゴ礁が島をかこむ

　サンゴは動物です。数ミリのサンゴ虫が集まって、石灰質の骨格でつながっています。その生きているサンゴや死んだサンゴの骨や貝、有孔虫など海の生きものの死骸がつもってできた地形がサンゴ礁です。沖縄県の島々の大部分は、このサンゴ礁にかこまれています。

　沖縄県の海岸に行くと、ほとんど波が立っていないことに気づくでしょう。これは島をかこんでいるサンゴ礁が天然の防波堤となり、外洋からの波を吸収しているからです。海岸から沖をながめて、白く波立っている1本の線が見えたら、

▶サンゴ
沖縄県の海ではさまざまな種類のサンゴを見ることができる。写真は枝のようなサンゴ。そこに生きる生物もさまざまだ。

そこがリーフエッジとよばれるサンゴ礁と外洋の境目です。

　サンゴ礁はさまざまな生きもののすみかとなり、沖縄県の生物多様性を支えるたいせつな存在です。魚の赤ちゃんや小さな魚は、木の枝のようなサンゴ礁のあいだにかくれて敵から身を守ります。エサのあるサンゴ礁には、ほかの魚たちもやってきます。サンゴ礁は沖縄県の海に欠かせない、たいせつな森のような存在です。

広がるサンゴ礁
白い砂浜がつづく石垣島。白く波立っているところがリーフエッジで、そこまでは浅い海が広がっている。

✏ サンゴ礁の地形

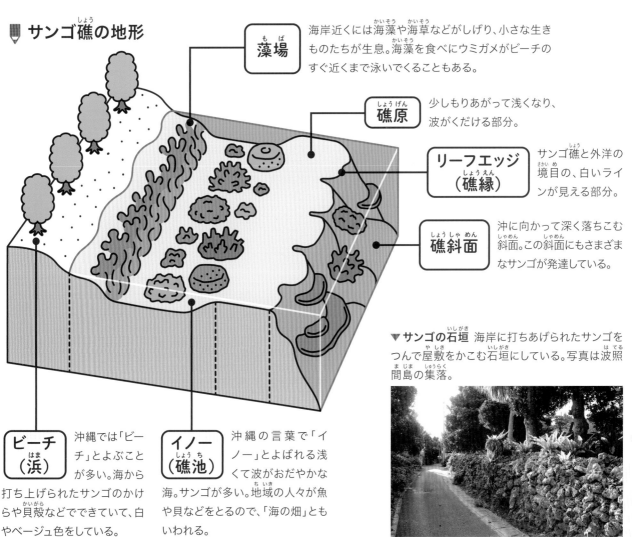

藻場
海岸近くには海藻や海草などがしげり、小さな生きものたちが生息。海藻を食べにウミガメがビーチのすぐ近くまで泳いでくることもある。

礁原
少しもりあがって浅くなり、波がくだける部分。

リーフエッジ（礁縁）
サンゴ礁と外洋の境目の、白いラインが見える部分。

礁斜面
沖に向かって深く落ちこむ斜面。この斜面にもさまざまなサンゴが発達している。

ビーチ（浜）
沖縄では「ビーチ」とよぶことが多い。海から打ち上げられたサンゴのかけらや貝殻などでできていて、白やベージュ色をしている。

イノー（礁池）
沖縄の言葉で「イノー」とよばれる浅くて波がおだやかな海。サンゴが多い。地域の人々が魚や貝などをとるので、「海の畑」ともいわれる。

▼ サンゴの石垣 海岸に打ちあげられたサンゴをつんで屋敷をかこむ石垣にしている。写真は波照間島の集落。

13

世界自然遺産の島はどこ？

やんばると西表島

　2021（令和3）年7月、国内で5番目の世界自然遺産が誕生しました。「奄美群島と沖縄諸島による世界自然遺産」です。対象となるのは、鹿児島県の奄美大島と徳之島、それに沖縄県の沖縄島北部、西表島です。

　沖縄島北部は「やんばる」とよばれ、標高300m～400mの緑濃い山々が連なっています。西表島は島の90％近くが亜熱帯の樹木でおおわれた山です。この2か所が世界自然遺産に登録されたいちばんの理由として、このエリアが生物多様性に富んでいることがあげられます。

　やんばるには世界でここにしかいない

ヤンバルクイナをはじめ、国の特別天然記念物のノグチゲラ、ヤンバルテナガコガネなどの固有種が生息しています。西表島には、山から海までつながった生態系が保存されています。そして世界でこの島にしかいないイリオモテヤマネコがいます。

　これらめずらしい生きものだけでなく、植物や昆虫、鳥類やほ乳類など、あらゆる種類の生きものたちが、冬でも葉を落とさない照葉樹林の森で生きています。この自然環境が世界の宝だと認められました。

　わたしたちはこの島々の自然を守り、世界の宝を次の世代につなげていかなければなりません。

◀ **やんばる** おだやかな山並みがつづくやんばる。イタジイ、オキナワウラジロガシなど照葉樹が多い。

▼ **ヒカゲヘゴ** 日本最大のシダ植物、ヒカゲヘゴは、やんばるの森でよく見かける植物だ。

◀▼マングローブ 西表島の河口にはマングローブという種類の植物が見られる。これは海水と淡水がまじわるところに育つ植物の総称で、西表島では7種類のマングローブを見ることができる。

◀カンムリワシ 西表島と石垣島だけに生息するカンムリワシ。全長約55cm。冠のような頭の羽毛が特徴。

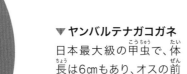

▼ヤンバルテナガコガネ 日本最大級の甲虫で、体長は6cmもあり、オスの前肢は3cmもある。

▲ノグチゲラ やんばるだけに生息するキツツキの仲間。木に穴を掘って巣をつくる。

▼イリオモテヤマネコ 1965（昭和40）年に発見された。現在、西表島に約100頭しか生息していない。

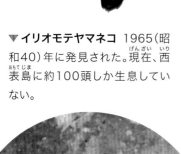

▶ヤンバルクイナ 飛べない鳥、ヤンバルクイナは沖縄島北部の国頭村、東村、大宜味村の森に生息している。

③沖縄県のくらし

沖縄県に住む人たちのくらしには、どんな特徴があるのでしょう。家のくふうや自然災害、交通、料理や行事などを見ていきましょう。

あたたかい土地の家のくふうとは？

▼ **中村家の雨端** 沖縄島の北中城村にある中村家は、豪農の家。張りだしたひさしの下の空間を、雨端とよぶ。

赤い瓦の木の家

　暑い時期が長くつづき、年に何回も台風におそわれる沖縄では、住宅にも台風や暑さに対するくふうがあります。

　明治時代（1868年〜1912年）以降、沖縄ではしっくいでとめた、赤い瓦の木の家が増えます。この屋根は重いので、台風が来ても飛ばされにくいのです。さらにこの屋根はひさしが深く、夏の

日ざしが家のなかにさしこむのを防ぐはたらきもあります。この深いひさしの下の空間を、「雨端」とよびます。

▼ **島の民家** 沖縄県の八重山列島には、いまもこのような伝統的な民家が残る。台風などの強風から家を守るため、家の周囲に琉球石灰岩をつみ、フクギという木を植えて防風林とよばれる風よけにしている。

自然の風がとおりぬける家

　むかしながらの沖縄の家には、玄関がありません。訪れる人は、庭から「ひんぷん」とよばれる目かくしをまわって、座敷にあがります。ひんぷんがあると、外から家のなかが見えません。ひんぷんは琉球石灰岩やブロックをつんだり、木を植えたりしてつくります。

　間取りはどの家もほぼ同じで、庭に面して座敷が並んでいます。向かって右（東側）は、床間のある一番座といい、中央が仏壇のある二番座、その左（西側）に家族が食事をする部屋があります。左はしに台所があり、座敷の裏側に家族が寝室などに使う部屋（裏座）があります。

　庭に面した座敷の間には壁がなく、雨戸を開ければ風がとおります。自然の風をうまくとりこみながら、エアコンも使わずに、むかしの沖縄の人はくらしていたのです。

▲ **ひんぷん** 竹富島で見つけた民家のひんぷんは、植物を植えたもの。お客さんは右からまわり、その家の人は左からまわる。

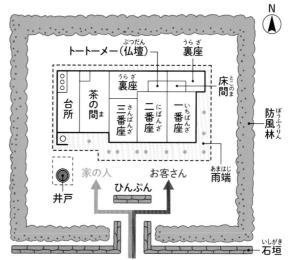

▲ **伝統的な家のつくりの例** 母屋の正面に座敷が並び、三番座のある家もある。南向きの家が多い。

<コラム>

まよけのシーサー

　赤瓦をのせた家の屋根に、ちょこんとのって、にらみをきかせているのがシーサーです。これはまよけの意味をもつ獅子で、屋根づくりの職人さんがあまったしっくいを使ってつくったのがはじまりだといわれています。

　いまではシーサーの居場所は屋根の上だけではありません。那覇空港や国際通り、ビルの入り口にもシーサーがいます。沖縄に来たら、いろいろなシーサーを見つけてみませんか？

戦後の家はコンクリートづくりに

沖縄戦【➡P.40】ですべてが破壊された沖縄で戦後、はじめにつくられたのは木材を使った規格住宅という家でした。これはアメリカのツーバイフォーという工法でかんたんにたてられましたが、大型台風【➡P.20】で被害をうける家がつぎつぎと出ました。ところがコンクリートブロックでできたアメリカ軍家族の家は台風の被害が少なかったことや、アメリカ軍基地建設をとおしてコンクリート建築の技術が発達したことから、県内の住宅は木造からコンクリートブロックづくり、鉄筋コンクリート（RC）づくりへと変わりました。

現在では約80％の住宅がRCづくりです。県外では木造の家のほうがずっと多いので、これは沖縄の家の特徴です。

最近では県外の大手ハウスメーカーによる木造の家も少しずつ増えはじめています。

▌台風に強く風もとおる
▌鉄筋コンクリート（RC）づくりの家

水色や、アイボリー色、パステルカラーが多い。

花ブロック（透かしブロック）。日ざしをさえぎり、風をよくとおす。見た目もおしゃれ。

どんな台風にも負けないよ！

▲ つの出し住宅 初期のコンクリート住宅では、将来、2階を増築するときにそなえて、鉄筋を上に出し、そのまわりをコンクリートでかためていた。これを「つの出し住宅」とよぶ。

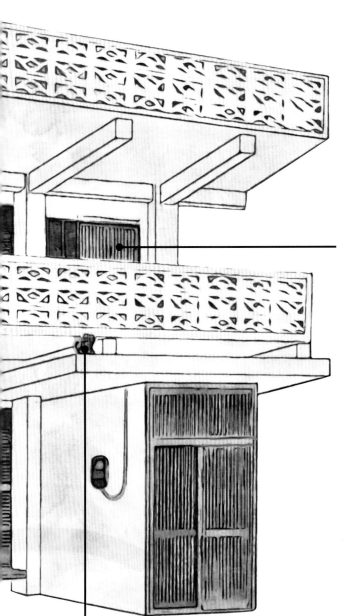

台風対策、防犯対策で、窓に鉄やアルミの格子が設置されていることもある。

まよけのシーサー

インタビュー

日ざしと
風対策がだいじ

アトリエ・ノア
一級建築士
普久原朝充 さん

　戦後、コンクリート住宅がつくられるようになっても、その初期には伝統的な沖縄民家のつくりを受け継いだ家が多く見られました。むかしの一番座、二番座のように、庭に向かって部屋を配置するスタイルです。和室が減り、洋室が主流になっても、親族の集まりが多い沖縄では、つづき間＊として使えるようにした家が多く見られます。

　沖縄県の家づくりのポイントは、日ざしと風対策です。いまではむかしながらのつくりにとらわれない新しい家も増えていますが、沖縄県の気候は変わりません。家づくりでは、日ざしをさえぎり、風とおしをよくするくふうが欠かせません。

（2022年11月取材）

＊いくつかの部屋のしきりをとって、ひとつにつなげて使う部屋

▼ 花ブロックの壁 花ブロックはベランダのほかにも家をかこむ壁や塀に使われている。

台風と向き合う沖縄県の人々

台風がもたらす恵みもある

南の海上で発生した台風のとおり道となる沖縄県には、多くの台風がやってきます。

沖縄県には高い山がなく、大きな川もないので、降った雨は短時間で海に流れでます。そのため大規模な洪水の被害はあまりありませんでしたが、風による被害は甚大です。1966（昭和41）年には宮古島で、気象庁が観測した歴代最大瞬間風速2位となる秒速85.3mを記録しました。2003（平成15）年の台風14号では、宮古島で電柱が約880本も倒れて最長14日間も停電がつづき、農作物にも大きな被害がありました。

台風で海は大荒れとなり、離島への船は欠航がつづきます。生活物資の運搬を船にたよっている島では、台風が長く沖縄県にとどまれば、生活物資がたりなくなるという深刻な事態をまねきます。

いっぽうで、台風の雨は沖縄県の水がめを満たして、人々の飲み水となります。沖縄島の北部にはダムがいくつも建設され、台風で降った雨をためることができるようになったので、沖縄島の水不足はほぼ解消されました。

また、台風にはサンゴの白化を防ぐ効用があるといわれています。台風が来ないと夏場の海水温があがって30℃をこえてしまいます。その状態がつづくと、サンゴのなかにいる褐虫藻という植物がぬけ出し、サンゴは死んでしまいます。死んだサンゴは白い骨格だけになり、これをサンゴの白化とよびますが、台風によって海水全体がまざることで、海の水温がさがり、サンゴの白化を防ぐことができるという側面もあります。

🖊 那覇と東京、札幌に接近した台風の数（1951年〜2022年の合計）

	7月	8月	9月	10月
那覇	51	76	62	35
東京	21	52	51	34
札幌	4	27	26	4

1951年から2022年の間に、那覇（那覇市）、東京（千代田区）、札幌（札幌市）の各気象官署から300km圏内に接近した台風の合計を比較した。那覇（那覇市）がもっとも多く、札幌（札幌市）はあまり台風が来ないことがわかる。

◎国立情報学研究所の「デジタル台風」を活用し、編集部がデータを集計。

沖縄が台風がいちばん多いよ！

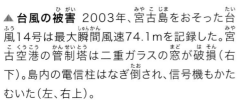

▲ **台風の被害** 2003年、宮古島をおそった台風14号は最大瞬間風速74.1mを記録した。宮古空港の管制塔は二重ガラスの窓が破損(右下)。島内の電信柱はなぎ倒され、信号機もかたむいた(左、右上)。

▲ **水タンク** ダムが少なかったころ、夏は水不足になることが多く、沖縄県では屋根や屋上に水タンクをそなえる家が多かった。2006年ごろから沖縄島の水不足は解消され、現在では水タンクはあまり利用されなくなった。

▼ **直がき看板** 長年台風と向き合ってきた沖縄県では、台風に対する知恵も受け継がれている。たとえば写真の直がき看板。コンクリートの壁に直接かけば、どれほど風がふいても飛ばされる心配がない。

沖縄県には電車がないの?

島々を結ぶ船と飛行機

ほかの都道府県から沖縄県に行くには飛行機か船を利用します。飛行機は日本各地の空港から那覇空港まで定期便が飛んでいます。石垣島、宮古島、下地島と、夏期限定で久米島にも、東京や大阪などから直行便があります。

沖縄県にはJRのような線路を走る電車はありません。戦後、アメリカ統治の時代を経て、車社会が根づきました。

2003（平成15）年には那覇空港と首里のあいだにモノレール「ゆいレール」が開通しました（現在は「てだこ浦西駅」まで延伸）。利用者数は2003（平成15）年度の約750万人から2018（平成30）年度には約1900万人に増加しています。沖縄島には路線バスも発達していますが、利用者はあまり多くありません。

人が住んでいる島には、主要な島と結ぶ定期船が運航しています。沖縄島には那覇市の泊港をはじめいくつか港があり、それぞれ周辺の島への船が出ています。

那覇市から宮古島、石垣島へ行くには、飛行機に乗ります。宮古島は宮古列島の中心の島。周囲の池間島、来間島、伊良部島とのあいだは橋でつながっています。

石垣島は八重山列島の中心の島です。石垣港離島ターミナルから竹富島、黒島、小浜島、西表島、鳩間島、与那国島、波照間島などへフェリーと高速船が毎日数便運航しています。離島への船は人の移動だけでなく、農水産物の出荷や生活物資の運搬というたいせつな役割を担っています。

沖縄の島々を結ぶ交通網（2023年10月）

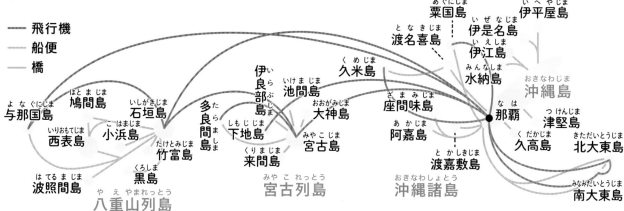

飛行機
船便
橋

与那国島　鳩間島　石垣島　多良間島　伊良部島　池間島　大神島　久米島　粟国島　伊平屋島
西表島　小浜島　竹富島　下地島　来間島　宮古島　座間味島　渡名喜島　伊是名島　伊江島　水納島　沖縄島
波照間島　黒島　阿嘉島　津堅島　那覇　久高島　北大東島
八重山列島　宮古列島　渡嘉敷島　沖縄諸島　南大東島

▲ゆいレール 県民だけでなく、観光客の利用も多いゆいレール。那覇市の国際通りや首里城などの観光地に行くことができる。2020年度、2021年度は新型コロナウイルス感染症の拡大により観光客数が激減したのにともない利用者も少なくなったが、だんだん回復している。

📍 ゆいレールの利用者数の推移

年度	利用者数

(折れ線グラフ 縦軸: 750万人, 950万人, 1150万人, 1350万人, 1550万人, 1750万人, 1950万人, 2150万人 / 横軸: 2003年度〜2022年度)

◎沖縄県土木建築部都市計画・モノレール課「乗客数の推移（2023年3月末日現在）」から作成（2023年3月31日公表）。

▼渋滞する国道58号 沖縄島を南北につなぐ国道58号。那覇市とその周辺では、朝と夕方の通勤時間帯に渋滞が発生する。

▼泊港 那覇市の泊港は、渡嘉敷島など慶良間列島の島々や渡名喜島・久米島、粟国島、南・北大東島などへの船が発着するターミナル港。

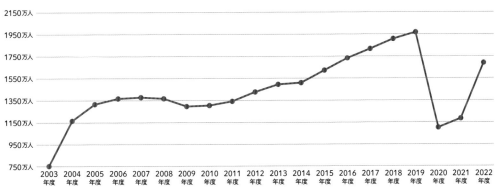

琉球料理の特徴とは？

中国と日本の影響をうけて発展

　小さな独立国だった琉球王国【➡P.36】では、当時の巨大な中国の王朝と日本の両国と友好な関係をたもつことがひじょうに重要でした。琉球王国の料理人は中国と日本の料理を学び、中国の皇帝からの使者を中国料理で、日本の役人を日本料理でもてなしながら、日中が融合した独自の料理を生みだしてきました。

　また、沖縄にはヌチグスイ（命の薬）という言葉があり、食べるものが健康につながるという考えがむかしからあります。毎年のように大きな台風や干ばつにおそわれ、また農業に向く土壌が少ないなか、人々はヨモギ、ニガナなど庭や畑にはえている野草を食べてきました。南国の日ざしと潮風をうけて育った野草は栄養豊富。海にかこまれた島なので、魚や貝、海藻も豊富です。そのような身近な旬の食材を使った料理で体調をととのえ、それが長生きにもつながってきました。チャンプルーをはじめ、いためものや、あげものなど油を使った料理が多いのは、気温も湿度も高い沖縄で、料理がいたむのを防ぐためでもありました。

　チャンプルーはいまもよく家庭で食べられていますが、それ以外の伝統的な琉球料理が沖縄の家庭の食卓に並ぶことは少なくなりました。子どもたちへの伝承のため、学校給食の献立に琉球料理をとりいれることが増えています。

▲**ゴーヤーチャンプルー**　家庭料理の代表。ゴーヤーと島豆腐、ブタ肉、卵などをいためたもの。手ばやくつくれて栄養もある。

◀**島豆腐**　「生しぼり」という方法でつくる豆腐。水分が少なく、ほんのり塩気があり、チャンプルーなどのいためものにもむいている。

▶**田芋**　日本では沖縄でしか栽培されていない、田んぼで栽培する芋。コクがあり、あげものや煮ものにする。

◀**島ニンジン**　黄色くて細長い沖縄のニンジン。ブタのレバーや腎臓と煮て、汁ものなどにする。

ブタとかつおの合わせだしが基本

琉球料理の大きな特徴のひとつにブタ肉をよく使うことがあります。ブタは中国から入ってきました。鳴き声以外はすべて食べるといわれるほど、胴体はもちろん、手や足、耳や腸までもさまざまな料理に使います。

いっぽう、かつおぶしからとるかつおだしを使うのは、日本の調理法から学びました。日本料理の場合、かつおと昆布の合わせだしが基本ですが、沖縄ではブタとかつおの合わせだしが基本。この濃厚で深みのある合わせだしが琉球料理を支えています。

▶ **アグー** 一時は絶滅しかけたが、現在は保存がすすんでいる沖縄のブタ「アグー」。小型で、あまみのある脂が多い。

▲ **ラフテー** ゆでたブタ肉を、合わせだしと泡盛、砂糖、しょうゆなどでトロトロになるまで煮こんだ角煮。

▲ **クーブイリチー** 昆布とブタ肉、こんにゃくなどをだし汁でいため煮にした料理。沖縄では、昆布はだし用ではなく食べるもの。

▲ **ニガナの白あえ** 苦みのあるニガナをせん切りにしてアクをぬき、豆腐とあえたもの。ニガナは胃腸の薬ともいわれる野草。

◀ **パパイヤ** 庭先などあちこちで見かけるパパイヤ。熟す前の青い実を野菜として使う。

▶ **パパイヤイリチー** パパイヤを細切りにして、ブタ肉やニンジンなどといため煮にした料理。

▶ **沖縄そば** 麺は小麦粉でつくられる。スープは、ブタとかつおぶしの合わせだしがベースのしっかりした味。

◀ **イラブー汁** イラブーのくん製を手間をかけて調理し、昆布やとん足と合わせた、上品な味の汁もの。

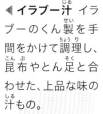

◀ **いかすみ汁** 近海でとれるアオリイカのすみを入れたコクのある汁もの。むかしはのぼせたときなどに飲んだ。

▶ **イラブー** 万病の薬といわれるイラブー（ウミヘビ）のくん製。

沖縄全島エイサーまつり 沖縄全島エイサーまつりや沖縄青年ふるさとエイサー祭りなど、お盆とは別の日に、たくさんの団体が集まり、多彩なエイサーを披露するまつりも開催されている。

エイサーをおどる理由

お盆は一年で最大の行事

　沖縄の人々は親族のつながりや先祖をたいせつにします。そのため沖縄県には、年中行事がたくさんあります。行事の多くは、旧暦とよばれる月の満ち欠けに合わせた暦の、決められた日におこなわれてきました。生活スタイルの変化や県外から移り住む人が増えたことなどもあり、最近は行事が週末におこなわれることもありますが、先祖をお迎えするお盆は、いまも必ず旧暦の7月13日～15日（地域によっては16日まで）におこなわれます。

　7月13日は先祖をあの世からお迎えする日（ウンケー）、15日が先祖の霊を送る日（ウークイ）。この3日間（地域によっては4日間）は仏壇に三度三度の食事、お線香などを供え、親戚の家をまわって仏壇に手を合わせます。

▲ **お盆の仏壇** 沖縄の仏壇は、正面に亡くなった先祖の名前をかいた札（トートーメー）が置かれている。お盆のときは、左右にちょうちんやくだもの、お菓子などをかざる。

先祖の霊を送る行事

お盆の最終日のウークイの夜に沖縄島の中部地域を中心におこなわれるのがエイサーです。最近は沖縄県以外の小学校の運動会でもおどられるなど、全国に広まっているエイサーですが、もとも

とは先祖の霊を送るためのおどりです。地元の青年会の人々が、集落や家をまわりながら太鼓を打ちならし、声を合わせ、動きを合わせて歌いおどり、先祖の霊を送ります。

石垣島では「アンガマ」、波照間島では「ムシャーマ」という行事がおこなわれます。

▲ **平敷屋のエイサー** むかしながらのエイサーの形が受け継がれている、沖縄島のうるま市平敷屋地域のエイサー。僧侶（お坊さん）の衣装を身につけて素足でおどる。

▲ **コザ地域（沖縄市）のエイサー** 何か月も前から毎晩のように練習を重ねる。曲によって動きや隊列を変えながら道をねり歩く。

八重山列島のお盆の行事アンガマ

石垣島を中心とする八重山地方のお盆には、アンガマとよばれる木のお面をかぶったおじいさんとおばあさんがあの世からやってきて、家をまわる。歌やおどりを披露し、集まった人たちと楽しいやりとりをくりひろげ、子孫繁栄と幸福を祈る。

波照間島のお盆の行事ムシャーマ

人が住む場所で、日本でもっとも南の波照間島では、旧暦7月14日にお盆と豊年祭を合わせたムシャーマがおこなわれる。ミルク（弥勒）さまを先頭にカラフルな仮装行列が集落をねり歩き、島の人たちが芸能を奉納。先祖を供養し、人々の幸せと豊作を祈る行事だ。

④沖縄県の産業

沖縄県のおもな産業は、あたたかい土地の気候に合った農業、周囲の海で営まれる漁業、そしてこの土地ならではの風景や資源をいかした観光業です。

沖縄県が生産量日本一の作物は？

サトウキビ畑 しぼりかす（バガス）は発電の燃料や畑の肥料として使うので、サトウキビは捨てるところがない。

サトウキビはたよりになるよ！

暑さにも台風にも強い植物

青い空と海を背景に、緑色のサトウキビ畑が広がる。これは沖縄県の島々で見られる沖縄らしい風景です。

サトウキビはイネ科の植物で、茎のしぼり汁から砂糖や黒糖がつくられます。夏の暑さや干ばつ、台風に強いなど、あたたかい地域での栽培に適していて、沖縄県の畑の半分近くでサトウキビが育てられています。

サトウキビは植えつけから収穫まで約1年半かかります。収穫作業は1月〜3月です。刈りとられたサトウキビは「製糖工場」に運ばれ、新鮮なうちに細かくくだいて、しぼり汁をとりだします。

2021年における国内サトウキビの生産量の割合（都道府県別）

沖縄県 81万5500t（60%）	鹿児島県 54万3700t（40%）

0%　　　　　　　　50%　　　　　　　　100%

◎農林水産省発表の「令和3年産さとうきびの収穫面積及び収穫量」から作成（2022年8月26日公表）。

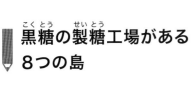

黒糖の製糖工場がある
8つの島

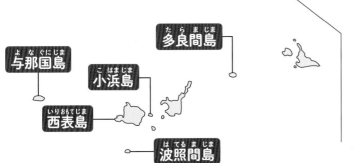
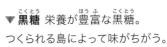

伊平屋島

伊江島

粟国島

沖縄島

▼ 黒糖 栄養が豊富な黒糖。
つくられる島によって味がちがう。

多良間島

与那国島

小浜島

西表島

波照間島

島のくらしを支える黒糖

　製糖工場は2種類あります。ひとつはサトウキビのしぼり汁から、白砂糖やグラニュー糖などをつくるための原料を分別して県外に出荷する工場。もうひとつは、しぼり汁を煮詰めて黒糖までその場でつくる工場です。黒糖はおもに離島とよばれる沖縄県の小さな島々でつくられています。

　ほかの砂糖にくらべてカルシウム、鉄分などをたくさんふくんでいる黒糖は、むかしから島の人たちの貴重なエネルギー源でした。お茶といっしょにおやつに食べたり、お菓子づくりや料理のかくし味に使ったり。長寿を支えてきた食べものでもあります。産業が少ない小さな島にとっては、サトウキビ栽培と黒糖づくりはたいせつな生活のかて、収入源でもあります。

▲ 収穫したサトウキビ 黒糖づくりは鮮度が重要で、その日につくる分のみを収穫して、すぐに作業する。

▲ 黒糖づくり いまでは少ないが、むかしながらの釜だきで黒糖づくりをしている人もいる。

④沖縄県の産業

29

あたたかい土地で育つ くだものは?

土壌と気温がたいせつ

　沖縄県ではあたたかい気候を利用して、いろいろなくだものを育てています。とくに最近はパイナップルやマンゴーの栽培がさかんで、栽培技術の研究や品種改良もすすんでいます。

　パイナップルの栽培には、酸性の土壌と一年をとおして一定の気温をたもてることが必要です。そのため沖縄県でも栽培できる地域が限られ、沖縄島北部や石垣島、西表島などで栽培されています。苗を植えてから収穫までに2年近くかかりますが、ほかのくだものにくらべて台風に強いのが特徴です。

　沖縄県で生産されているマンゴーの約90%は皮が赤いアップルマンゴー（アーウィン）。県外でマンゴーを育てるためには温度を高くたもつための設備が必要ですが、年間をとおして気温が高く日照時間も長い沖縄県では、ビニールハウスで栽培できます。

　パイナップルもマンゴーも畑で熟してから収穫することが多く、あまくてみずみずしいのが魅力。おみやげや贈りものとしても人気がありますし、さまざまなスイーツにも使われています。そのほかにもパッションフルーツやドラゴンフルーツなど、あたたかい気候を利用したくだものが栽培されています。

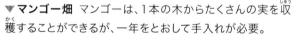

▼ **パイナップル畑** ひとつの苗から収穫できるパイナップルの実はひとつ。

▼ **マンゴー畑** マンゴーは、1本の木からたくさんの実を収穫することができるが、一年をとおして手入れが必要。

マンゴーとパイナップルが60%以上

沖縄県で2020年に生産されたくだものとその加工品の売上合計は約60億円。そのうちの60%以上をマンゴーとパイナップルで占めている。「その他」のなかには、シークヮーサーやバナナなどいろいろな種類のくだものがふくまれる。

▶マンゴー 南国フルーツ独特のあまみと香りが魅力。旬は6月中旬～7月末。

▼ドラゴンフルーツ サボテン科の多肉植物。果肉は白と赤の2種類があり、酸みとあまみのバランスが魅力。ゴマのようなタネごと食べられる。

2020年における沖縄県の果樹産出額とその割合

その他
21億円
（約35%）

マンゴー
26億円
（43.3%）

13億円
（21.6%）

パイナップル

◎沖縄県農林水産部発表の「令和2年果樹の農業産出額の推移」（2023年1月公表）から作成。

▶パイナップル 旬は5月～7月中旬。この時季の味は格別だ。実の上の葉っぱの部分を切って、次の苗として植える。

▼シークヮーサー 沖縄原産の小さなみかん。実が青いときはしぼり汁を酢のかわりに使い、黄色くなってからはくだものとして食べる。

▼パッションフルーツ 半分に切り、タネと果肉をいっしょにすくって食べる。さわやかなあま酸っぱさが特徴。

▶たんかん 沖縄県の冬のくだものの代表。みずみずしく、あまみと酸みのバランスがいい。

インタビュー

夜の気温の高さも重要です

パイナップル・マンゴーの栽培農家
島本哲男さん（左）
島本 敏さん（右）

パイナップルは一年中販売されていますが、本当においしくなるのは6月に入ってからです。とくにむかしから沖縄で栽培されているハワイ種という種類のパイナップルは、ある日を境にあまさと酸っぱさのバランスが変わるので、うちでは毎日食べて確かめて、「おいしくなった」と思った日から収穫をはじめます。酸みがぬけるには、夜の気温が高くなる必要があります。

マンゴーは1本の木から1000個収穫することも可能ですが、パイナップルの50倍も60倍も手がかかります。台風で畑がやられると、しばらく立ちなおれませんが、「作物は手をかければ必ず恩返しをしてくれる」と信じて、とにかくよく観察。それぞれに合わせた育てかたを心がけています。

（2022年11月取材）

市場に並ぶ魚 色とりどりの魚が並ぶ市場の魚売り場。魚だけでなく、貝や海藻の種類も豊富。

イラブチャー

ミーバイ

赤に ミーバイ

沖縄県でさかんな漁業は?

沿岸漁業と沖あいのマグロ漁

海にかこまれた沖縄県では、その地の利をいかした漁業がおこなわれています。那覇市の市場の魚売り場に並ぶのは、沿岸でとれる沖縄県の県魚、グルクン（タカサゴ類）をはじめ、イラブチャー（ブダイ類）、ミーバイ（ハタ類）などです。

沖縄県では島から少しはなれた沖あいを回遊するマグロやカジキなどの漁業もさかんです。マグロは、本マグロ、キハダ、メバチ、ビンチョウの4種類が水あげされ、全国有数の漁獲量をほこります。それほど時間をかけずに水あげでき

ることから、沖縄県でとれるマグロは生鮮マグロといわれ、一度も冷凍されることなく生のまま市場に運ばれてきます。そのためほかの地域のマグロにくらべて新鮮で、旬のマグロを生で食べることができます。

▲グルクン 沖縄県の県魚として親しまれている魚。

モズクやクルマエビの養殖

　沖縄県では、海の特性をいかした養殖にも力を入れています。いちはやく養殖にとりくんだのはモズクという海藻です。海底の砂がきれいな沖縄県の海は、モズクがよく育ちます。透明度の高い海で育ち、潮の満ち引きにさらされたモズクは、栄養をたっぷりふくんでいるのが特徴です。2021年のモズクの生産量は沖縄県が全国1位。全国生産量の90%以上を沖縄県産のモズクが占めています。

　久米島や石垣島で養殖されているクルマエビの生産量も全国1位です。そのほかにも沖縄県では海ブドウやシャコガイなどを養殖しています。資源を守るための国際的な漁獲規制の強化や、世界的な水産物ニーズの高まり、魚介類の減少などの影響もあり、養殖業への期待はますます高まっています。

▲ 海ブドウ 久米島や沖縄島などで養殖がさかんな海ブドウ（海藻の一種）。プチプチとした食感が特徴。

▶ シャコガイ こりこりした歯ざわりと、ほのかなあまみが魅力のシャコガイ。刺し身やすし種として使われる。

2021年における クルマエビ養殖の生産量（上位4位）

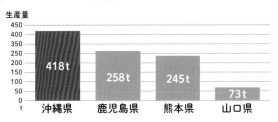

生産量

	418t	258t	245t	73t
	沖縄県	鹿児島県	熊本県	山口県

◎農林水産省発表の「令和3年漁業・養殖業生産統計」から作成（2023年3月31日公表）。

2021年における モズク養殖の 生産量割合（都道府県別）

その他
45t（0.2%）

沖縄県
2万2400t
（99.8%）

0%　　　50%　　　100%

◎農林水産省発表の「令和3年漁業・養殖業生産統計」から作成（2023年3月31日公表）。

モズク 沖縄島のうるま市勝連地域や恩納村など、各地で育てられているモズク。ポンプで吸いとって収穫する。

33

観光客が沖縄県に来る理由

ゆたかな自然と独自の文化

　沖縄県が日本に復帰した1972（昭和47）年、沖縄県を訪れた観光客は約56万人でした。その後、沖縄県内の道路や港、空港、ホテルや観光施設などの整備がすすみ、訪れる人は年を追うごとに増加。2018（平成30）年度には1000万人をこえました。

　観光客が沖縄県を訪れる目的はなんでしょうか。エメラルドグリーンにかがやくサンゴ礁の海、世界自然遺産に登録された亜熱帯の森など、沖縄県ならではの自然は、大きな魅力です。

　また、琉球王国時代からはぐくまれた芸能文化や料理、伝統工芸、世界文化遺産に登録された城跡なども多くの人をひきつけています。

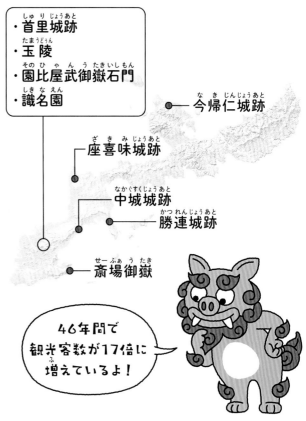

沖縄島の世界文化遺産
「琉球王国のグスク及び関連遺産群」

- 首里城跡
- 玉陵
- 園比屋武御嶽石門
- 識名園
- 今帰仁城跡
- 座喜味城跡
- 中城城跡
- 勝連城跡
- 斎場御嶽

46年間で観光客数が17倍に増えているよ！

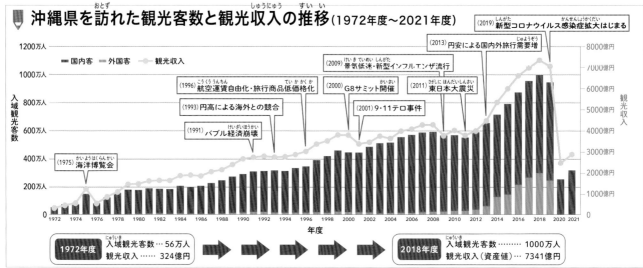

沖縄県を訪れた観光客数と観光収入の推移（1972年度〜2021年度）

■国内客　■外国客　○観光収入

- (1975) 海洋博覧会
- (1991) バブル経済崩壊
- (1993) 円高による海外との競合
- (1996) 航空運賃自由化・旅行商品低価格化
- (2000) G8サミット開催
- (2001) 9・11テロ事件
- (2009) 景気低迷・新型インフルエンザ流行
- (2011) 東日本大震災
- (2013) 円安による国内外旅行需要増
- (2019) 新型コロナウイルス感染症拡大はじまる

1972年度　入域観光客数…56万人　観光収入……324億円

2018年度　入域観光客数………1000万人　観光収入（資産値）…7341億円

◎沖縄県発表「令和3年版観光要覧」の「沖縄観光の推移―入域観光客数」（2023年2月15日公表）から作成。観光客数は沖縄県「令和3年度入域観光客統計」、観光収入は「令和3年度観光統計実態調査」。観光収入は2005年度までは暦年の数値、2006年度以降から年度の数値となっている。2020年度と2021年度の観光収入は2019年度の1人当たりの国内客の消費額を用いて試算。

沖縄県を支える重要な産業

那覇市の国際通りのようににぎやかな場所もあれば、竹富島のようにむかしながらの石垣や赤い瓦の木の家【➡P.16】が残る島もある。いろいろな風景があり、楽しみかたができるのも沖縄の強みです。

沖縄島の西海岸にあるリゾートホテルをはじめ、県内にはたくさんの宿泊施設があります。ホテルや飲食店では多くの人が働き、料理に県内でとれた野菜や肉、魚が使われるので農業や畜産業、漁業ともつながっています。沖縄県を訪れる人が、ホテルや飲食店を利用したり、おみやげを買ったりすることが、沖縄県の観光収入につながっています。

◀リゾートホテルとビーチ 沖縄島の西海岸には、たくさんのリゾートホテルがたっている。目の前に広がる海を楽しみながら滞在できる。

▼国際通り 多くの飲食店やおみやげ品店が並ぶ那覇市の国際通り。沖縄県を訪れる観光客の多くが1度は足を運ぶ場所だ。

インタビュー

自分のくらす地域とのちがいを楽しむ修学旅行に

沖縄観光
コンベンションビューロー
教育旅行チーム
恩田 悟 さん

公立高校として全国に先がけて福岡県の14校が飛行機で沖縄県へ修学旅行に来たのが1978年。その後、1990年代に入って一気に増え、2019年度は約2400校、40万人におこしいただきました。

おもなテーマは①平和、②歴史文化、③自然環境です。グループ別行動では、11月ごろまで楽しめるマリンスポーツや伝統工芸を体験したり、探究学習をしたり。学校ごとに求めるテーマにおこたえすべくとりくんでいます。地元の生活体験ができる民泊も人気です。気候や食べもののちがいなどおどろくかもしれませんが、ちがいをふくめ10代の修学旅行ならではの時間を楽しんでいただきたいと思います。

（2022年12月取材）

⑤沖縄県の歴史

沖縄県はむかし、琉球王国という独立した国でした。王国時代から現代までをふりかえってみましょう。

王国だった沖縄県

▲ **琉球貿易図屏風** 王国時代の那覇港のにぎわいを描いた屏風。中国や東南アジアから船が那覇にもどってくると、那覇の港は出むかえる船と人々であふれかえった。

中国や東南アジアとつながった国

　沖縄島では、14世紀ごろの有力者たちによる争いの時代を経て、15世紀半ばに尚巴志が島を統一しました。琉球王国の誕生です。

　地理的な近さもあり、琉球王国は当時の大国であった明（現在の中国）との関係を深めました。琉球は使者を北京に派遣し、贈りものを中国皇帝に届けることを許されていたのです。そして琉球王国の王が亡くなると、中国皇帝の使者（冊封使）が琉球王国に派遣され、新しい王を任命する儀式をおこないます。この関係を冊封・朝貢関係といいます。

　中国との結びつきはとても深く、当時、いまの那覇市には中国人が住む町があり、琉球王国から中国に留学する人も数多くいました。琉球王国の政治や文化は、中国の影響を色濃くうけていたのです。

　琉球王国は小さな島国ですが、その活動範囲は広いものでした。14世紀末から16世紀半ばごろにはいまのタイやベトナム、インドネシア、マレーシアなどに、さかんに出かけていきました。これらの国で仕入れた品々を明や朝鮮、日本に売る貿易で栄えました。この貿易によって、琉球王国には東南アジアのさまざまな文化ももたらされました。

琉球王国の終えん

　1603年、日本は徳川家康が開いた江戸幕府の時代になります。日本の元号では慶長8年のことです。

　江戸時代、日本は海外と薩摩、長崎、対馬、松前などの窓口でつながっていました。琉球王国は、14世紀ごろから薩摩（おもに現在の鹿児島県）と貿易をおこなっていました。ところが、1609（慶長14）年、薩摩が琉球王国に攻めこみ、琉球王国は薩摩の支配下に置かれます。いっぽうで明や清との冊封関係も変わらずにつづきました。

　日本で265年つづいた江戸時代が終わり、明治時代になると、その変化は琉球王国にもおよびます。1879（明治12）年、琉球は沖縄県となりました。ここに約450年つづいた琉球王国は終わりをつげました。

琉球王国年表

1429年	尚巴志、南山を討ち琉球を統一。
1458年	万国津梁の鐘を首里城正殿にかける。
1470年	尚円が王位につき、第二尚氏王統がはじまる。
1529年頃	守礼門をつくる。
1609年	薩摩藩が琉球に侵攻、尚寧王が捕虜になる。
1719年	組踊をはじめて上演。
1853年	アメリカのペリー提督が琉球に来る。
1866年	中国から最後の冊封使が来る。
1872年	琉球王国は琉球藩となる。
1879年	琉球処分、琉球藩がなくなり沖縄県となる。首里城を日本に明けわたす。

日本が世界とつながっていた窓口（松前、薩摩、長崎、対馬）

▼万国津梁の鐘　首里城正殿にかかっていた鐘で、1458年、尚泰久王の時代につくられた。「琉球は船を操って世界の架け橋となり、めずらしい宝ものが国中にあふれている」という気概に満ちた言葉が記されている。

琉球王国は中国と関係が深かったんだ。

琉球王国はどんな国だったの？

首里城から生まれた文化

　琉球王国の中心にあったのが首里城です。首里城は琉球の政治や外交を決める役所のゾーンと、王の家族が住むエリア、祈りの空間で構成されています。

　首里城のなかには御嶽とよばれる場所が10か所もありました。なかでも「京の内」とよばれるエリアは、女性しか入ることのできない聖なる空間です。琉球では神女とよばれる女性たちが、国家や国王が安全でやすらかでいられるように祈るたいせつな役割を受け持っていたのです。

　首里城では、現代の沖縄に受け継がれている多彩な文化も生まれました。

　まず、芸能があります。これは新たな国王を任命するためにやってくる中国からの使者たちをもてなすために生まれました。組踊は1719年に玉城朝薫という役人が、日本の能や歌舞伎、中国の京劇などを参考にしながら創作した芸能です。琉球の音楽を奏でる三線は、中国からもたらされた楽器から生まれました。この琉球音楽に合わせて舞う琉球舞踊も、この時代に生まれています。そして、冊封使たちの宴のために、琉球の料理人たちは琉球料理の腕をみがきました。

　王族たちが着るのは紅型という染めものでつくられた琉球独特の衣装です。島ごとにさまざまな織物も発展して、これらはいまも伝統工芸として受け継がれています。

首里城正殿　正確な創建年はわからないが、おそくとも1429年には城があったことがわかっている。沖縄戦で焼失したが、1992（平成4）年に復元。2019（令和元）年に火災で焼失し、現在、2026（令和8）年の正殿完成にむけて工事がすすむ。

▲ **組踊** 浦添市に組踊の普及を目的とした「国立劇場おきなわ」がある。組踊や琉球舞踊には若手の演者も育っている。

▲ **京の内** 復元された首里城の京の内。うっそうと樹木が生い茂るなかに、3つの御嶽がある。王国時代、神女たちはこれらの御嶽をめぐって祈りをささげた。

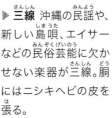

▶ **三線** 沖縄の民謡や、新しい島唄、エイサーなどの民俗芸能に欠かせない楽器が三線。胴にはニシキヘビの皮を張る。

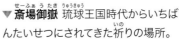

▼ **斎場御嶽** 琉球王国時代からいちばんたいせつにされてきた祈りの場所。

▼ **紅型** 琉球独特の染色の技法・紅型のあざやかな衣装。王国時代、紅型は王族だけが着ることを許された。

コラム

たくさん残る伝統工芸

琉球王国では、さまざまな種類の織物や染色をはじめ、たくさんの伝統工芸が生まれています。美しい漆器もそのひとつです。これは中国皇帝への贈りものとしてだけでなく、日本の幕府にも献上された重要な輸出品です。琉球ではこれらの工芸品も、首里城の役所で管理してつくっていました。写真は、国王の家に伝わる漆器で、沖縄近海でとれるヤコウガイを使う螺鈿という技法でつくられています。

戦場になった沖縄県

▲ **ひめゆりの塔** 沖縄戦で犠牲になった沖縄師範学校女子部と、沖縄県立第一高等女学校の生徒、教員2227名の慰霊塔。彼女たちの遺品を展示する資料館もある。

若者たちも戦争に駆り出された

第二次世界大戦中、アメリカ軍、イギリス軍を中心とした連合国軍は、日本が占領した島や国を制圧しながら、太平洋を南から攻めあがってきました。連合国軍にとって、沖縄は日本列島を守る防波堤のような位置にありました。沖縄が硫黄島などとともに日本の国土で戦場となったのは、こうした理由からです。

一般市民を巻き込んで、激しい戦いがつづいた沖縄戦は、鉄の暴風といわれています。戦前の沖縄県の人口は約49万人ですが、戦争で亡くなった人は約12万人。4人に1人が亡くなりました。

教師になるための勉強をしていた師範学校の生徒や、高等女学校の女子生徒たちなど、20歳にもならない若者たちが大勢、戦場に駆り出されました。彼らは鉄血勤皇隊、ひめゆり学徒隊などとして鉄砲などのたま運び、負傷兵の看護などをさせられ、多くの人が命を落としました。

▲ **破壊された首里城周辺** 手前の石垣は首里城の壁。日本軍の司令部が近くに置かれた首里城は、徹底的に攻撃され、破壊された。

🖊 沖縄戦関係の年表

1937年 (昭和12年)	7月7日	日本と中国の間で日中戦争はじまる。
1939年 (昭和14年)	9月1日	第二次世界大戦はじまる。
1941年 (昭和16年)	12月8日	ハワイのアメリカ海軍基地と艦隊を日本が攻撃。 太平洋戦争はじまる。
1944年 (昭和19年)	10月10日	沖縄島に大規模な空襲（十・十空襲）。
1945年 (昭和20年)	3月24日	沖縄島にアメリカ軍の艦砲射撃がはじまる。
	3月26日	沖縄島の西にある慶良間列島にアメリカ軍上陸。
	4月1日	沖縄島中部の読谷村にアメリカ軍上陸。
	6月23日	日本軍司令官が自決。軍隊どうしによる戦闘が終わる。
	7月2日	アメリカ軍は沖縄戦の終了を宣言。
	8月15日	日本が降伏して太平洋戦争終結。
	9月2日	日本が降伏文書に調印。 第二次世界大戦が正式に終戦となる。
1952年 (昭和27年)	2月10日	沖縄戦以来アメリカに統治されていた トカラ列島が、日本に返還される。
1953年 (昭和28年)	12月25日	奄美群島が日本に返還される。
1972年 (昭和47年)	5月15日	沖縄島など沖縄県が日本に返還される。

▲ 地上戦 首里の大名高地を攻略するアメリカの兵隊。沖縄県では、日本の国土で最大の地上戦がおこなわれた。

◀ 捕虜になった鉄血勤皇隊員 こんな子どもまで戦争に駆り出された。

🖊 沖縄戦に動員された学徒たち

男子学徒隊　動員数 **1418** 人

戦死者 **792** 人

女子学徒隊　動員数 **505** 人

戦死者 **188** 人

◎『沖縄県史 各論編 第六巻 沖縄戦』沖縄県教育委員会発行（2017年3月発行）より

🖊 沖縄戦の戦没者数

◎沖縄県援護課（1976年3月発表）

沖縄県出身者 12万2228人

一般住民 9万4000人（推計）	県出身 軍人・軍属 2万8228人

県外出身日本兵
6万5908人

アメリカ兵
1万2520人

合計
20万656人

コラム

小学生が犠牲になった「対馬丸」の悲劇

1944（昭和19）年になるとアメリカ軍が沖縄を攻撃するおそれが強まり、子どもたちを安全な九州や台湾に逃がす動きが加速。そんなときに大きな悲劇がおこります。1944年8月21日、約1700人の子どもを乗せて九州に向けて那覇港を出港した「対馬丸」が、8月22日の夜、鹿児島県悪石島付近でアメリカ軍の魚雷攻撃をうけて沈没、約1500人もの子どもたちが犠牲になったのです。2004（平成16）年、この悲劇を伝える「対馬丸記念館」が那覇市に開館しました。

アメリカだった沖縄県

おこづかいはドルでもらう

　沖縄戦が終わった1945（昭和20）年から、沖縄はアメリカ軍に占領されます。1950（昭和25）年、アメリカ政府は沖縄を日本から分けて統治する方針を決定。終戦から1972（昭和47）年までの27年間、沖縄はアメリカに統治されていました。

　沖縄には、琉球列島米国民政府（USCAR）が置かれました。アメリカの軍人の高等弁務官が最上級者となり、沖縄を管理します。その下に、沖縄の人たちでつくる琉球政府が置かれました。

　この時代の沖縄には、日本国憲法や日本の法律は適用されません。日本本土との行き来にはパスポートが必要です。日本円も使えません。1958（昭和33）年まではアメリカ軍のB円という通貨が、それ以降はアメリカドルが使われました。おこづかいもドルでもらいます。自動車は左ハンドルで、アメリカと同じ右側通行。町のあちこちに、英語の看板が立ち並んでいました。ただし、県民の強い希望で学校教育は日本と同じ小学校6年間、中学高校が3年間ずつの6-3-3制でした。教科書も、日本と同じものが使われていました。

📗 沖縄島のアメリカの軍用地の移り変わり

◎「沖縄の米軍及び自衛隊基地（統計資料集）」（令和4年7月公表）、「基地返還等の推移」などから作成。

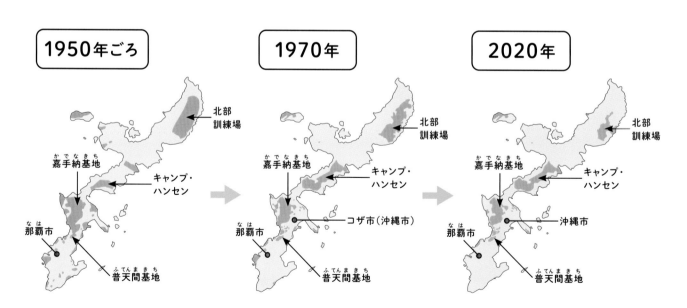

戦後、アメリカ統治下の沖縄には、アメリカ軍基地がたくさんつくられた。本土復帰後、基地だった土地の一部は沖縄に返還された。しかし2020（令和2）年現在、日本の国土の面積の0.6%の沖縄県に、アメリカ軍施設の約70%が存在している。

祖国復帰を求めて

終戦後、沖縄の人々は、アメリカ軍がつくった収容所から解放されます。ところが家にもどってみると、住まいのあった土地がアメリカ軍にとりあげられていることも多く、混乱がつづきました。

このアメリカ統治時代、沖縄にはアメリカ軍基地がつぎつぎとつくられていきます。空軍の飛行機が小学校に墜落したり、兵士の運転する自動車で住民が死亡したりするなど、アメリカ軍による事故や事件もたくさんおきました。沖縄の人々のあいだには、日本復帰を望む声が高まります。やがて、沖縄県全体から祖国復帰運動が盛りあがっていったのです。

コラム

祖国復帰運動

アメリカ統治下にあって、日本への復帰を求める声は高まっていき、全県的な運動へ広がっていきました。

▲ **祖国復帰運動のようす** 1960（昭和35）年4月、教職員会、労働組合、PTAなどたくさんの団体が参加して沖縄県祖国復帰協議会がつくられ、復帰運動をすすめていきました。その後、日本とアメリカのあいだで交渉がつづき、1967（昭和42）年、日本復帰が正式に決まりました。

▼ **アメリカ世の沖縄** 沖縄ではアメリカ統治時代を「アメリカ世」とよぶ。写真は1963（昭和38）年9月に国際通りでおこなわれたパレードのようす。英語の横断幕がかかげられ、左ハンドルのアメリカ車が道路の右側を走っている。

▲ **コザの町並み** アメリカ軍嘉手納基地のあるコザ（現在の沖縄市）には、アメリカ人相手の店が並んでいた。

復帰して何が変わったのか

観光をおもな産業にする

　1972（昭和47）年5月15日、沖縄は日本に復帰します。

　復帰後の大きなできごとに、1975（昭和50）年7月から半年間開かれた沖縄国際海洋博覧会（海洋博）があります。沖縄島北部の本部町を舞台に開催され、それに合わせて高速道路の建設など沖縄島の基盤整備がすすみました。海洋博は、美しい海と自然をもつ沖縄県が、その魅力をアピールして観光立県として歩み出す第一歩になりました。

　もうひとつの大きな変化に、ナナサンマルがあります。これは、車の通行を、それまでの右側通行から、日本本土と同じ左側通行に変えるもので、実施された1978（昭和53）年7月30日をとってナナサンマルとよばれています。バス停の位置が逆になるなど、人々のくらしには大きな混乱がありました。しかし、いまでは沖縄県民らしいユーモアを発揮して「沖縄県民しか体験できない貴重な経験だった」と話しています。

▶ **琉球ガラス** おみやげ品として人気の琉球ガラス製品は、戦後、コーラやビールのビンをリサイクルしてつくりはじめたもの。

海洋博公園 海洋博の会場が、現在は国営沖縄記念公園（海洋博公園）として整備されている。観光客に人気の沖縄美ら海水族館もこのなかにある。写真は水族館にあるイルカショー。

いまも残る基地の問題

　しかし、復帰運動のなかで県民が望んだアメリカ軍基地全面返還は実現せず、基地は沖縄に残ったままでの復帰でした。また、長いあいだアメリカ軍統治下にあった沖縄は、当時、高度経済成長期にあった本土とくらべて経済的な格差があり、その点も不安がありました。

　沖縄とほかの県との格差を埋めるため、政府によって沖縄振興開発計画などが定められてきました。復帰後、沖縄県の県民所得は増加をつづけていますが、いまも全国平均の約76%と全国最低レベルです（2019年度）。

　そのいっぽうで、戦前に約49万人だった沖縄県の人口は、復帰のときには約96万人、そして復帰から50年たった2022（令和4）年には、約147万人にまで増加しています。人口減少がすすむ日本のなかで、沖縄県の人口増加率は2.4%（2020年国勢調査）です。移住者が多いことと、出生率の高さが人口増加につながっています。

沖縄県の人口の移り変わり

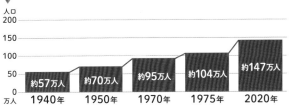

人口 200 150 100 50 0 万人				
約57万人	約70万人	約95万人	約104万人	約147万人
1940年	1950年	1970年	1975年	2020年

◎沖縄県発表の「令和2年度国勢調査 沖縄県の人口と世帯数」（2021年12月公表）をもとに作成。

▲ **沖縄復帰記念式典** 1972年5月15日、東京と沖縄で同時に沖縄復帰記念式典が開かれた。写真は那覇市民会館で復帰を宣言する屋良朝苗沖縄県知事。戦後27年のアメリカ軍統治が終わり、沖縄県が発足した。

▲ **平和の礎** 沖縄戦で亡くなったすべての人たちの名前を記した記念碑、平和の礎が県営平和祈念公園のなかにある。そこに記された名前は、軍人、民間人、外国の人もふくめて20万人以上にのぼる。

▲ **嘉手納基地** 沖縄島の1市2町にまたがり、東アジア最大の規模をほこるアメリカ軍嘉手納基地は、現在もほぼそのまま残っている。

▲ **那覇新都心** かつてアメリカ軍の住宅地だった一帯が返還され、那覇市に新しいまち那覇新都心が誕生した。

━━ コラム ━━

世界のウチナーンチュ大会

　沖縄県は1899（明治32）年のハワイを皮切りに、アメリカ、ブラジル、ペルー、ボリビアやアルゼンチンなど海外に移住する人が多く、現在、世界中に42万人の沖縄系の人々がくらしているといわれています。沖縄県では1990年から海外に住む沖縄県人（ウチナーンチュ）のネットワークをつくる目的で「世界のウチナーンチュ大会」を開催。2022（令和4）年には第7回大会が開かれました。

国際通りをパレードする世界のウチナーンチュたち。

調べてみよう・訪ねてみよう

沖縄県に行ったらぜひ、訪ねてみよう。沖縄県のことがいろいろわかるよ。

沖縄県立博物館・美術館

沖縄県の自然、歴史、文化、芸術に関する作品、資料を展示。

那覇市歴史博物館

尚家から贈られた美術工芸品や資料を展示。那覇市の歴史や文化を学べる。

沖縄美ら海水族館

多種多様な生きものが生息する沖縄の海の魅力を紹介。

沖縄県平和祈念資料館

沖縄戦を映像や写真、資料などで展示。

ひめゆり平和祈念資料館

沖縄戦とひめゆり部隊について学べる施設。

国立劇場おきなわ

組踊や琉球舞踊など、沖縄の伝統芸能が鑑賞できる。

● 監修

長谷川直子
お茶の水女子大学文教育学部人文科学科地理学コース准教授。研究のかたわら、地理学のおもしろさを伝えるべく活動中。

山本健太
國學院大學経済学部経済学科教授。地域の伝統や文化と、経済や産業の関係について研究をしている。

● 編集
編集室りっか、籔下純子

● 装丁・デザイン・イラスト・図版
本多翔

● 執筆
武田ちよこ・妹尾和子（編集室りっか）
牧一彦（P.36〜45）

● 写真
垂見健吾

● たてものイラスト
サンズイデザイン

● 校正
水上陸男

沖縄県に遊びにおいで！

● 監修協力
宇根 寛（明治大学講師）

● 取材協力
赤嶺政信（琉球大学名誉教授）／安次富順子（琉球料理保存協会理事長）／沖縄気象台／沖縄県園芸振興課／沖縄県交通政策課／沖縄県自然保護課／沖縄県水産課／沖縄県糖業農産課／木村和雄（国立沖縄工業高等専門学校）／高良倉吉（琉球大学名誉教授）／仲村朝美／農水苑　虹／ひめゆり平和祈念資料館／又吉進（元外務省参与）／山城秀之（琉球大学名誉教授）

● 写真協力
八重山ビジターズビューロー（表紙・P.8）／沖縄観光コンベンションビューロー（P.9・P.15・P.25・P.26・P.33・P.39・P.45）／西野嘉憲（P.15・P.27・P.30〜31）／湊和雄（P.15ヤンバルテナガコガネ）／普久原朝充（P.19）／沖縄タイムス社（P.21）／琉球新報（P.21）／安次富順子（P.24〜25）／嘉陽かずみ（P.26）／滋賀大学経済学部附属史料館（P.36）／那覇市歴史博物館（P.39・P.40〜41）／沖縄県公文書館（P.43・P.45）／沖縄美ら島財団（P.44）

● 図版協力
千秋社（P.6〜7・P.10・P.34）／山本健太（P.7）

● 参考
『アジアのなかの琉球王国』（高良倉吉著・吉川弘文館,1998）
『沖縄大百科事典』（沖縄タイムス社,1983）
『図説 琉球王国』（高良倉吉・田名真之編・河出書房新社,1993）
『ニッポンを解剖する！沖縄図鑑』（編集室りっか編・JTBパブリッシング,2016）
日本トランスオーシャン航空機内誌『Coralway』（2018年5-6月号・2020年5-6月号・2021年7-8月号・2022年3-4月号・5-6月号・7-8月号・11-12月号・2023年1-2月号）
『琉球料理と食文化』（新島正子・安次富順子著・琉球新報社,2020）
『私の琉球料理』（新島正子著・柴田書店,1983）

現地取材！日本の国土と人々のくらし①
あたたかい土地のくらし 沖縄県
発行 2023年11月 第1刷

あそびをもっと、まなびをもっと。

こどもっとラボ

監 修　長谷川直子　山本健太
発行者　千葉 均
編 集　崎山貴弘
発行所　株式会社ポプラ社
〒102-8519 東京都千代田区麹町 4-2-6
ホームページ www.poplar.co.jp
　　　　　kodomottolab.poplar.co.jp（こどもっとラボ）
印刷・製本　図書印刷株式会社

©POPLAR Publishing Co.,Ltd. 2023　Printed in Japan
ISBN978-4-591-17913-0 / N.D.C. 291 / 47P / 29cm

P7243001

現地取材！ 日本の国土と人々のくらし
──全8巻──

① あたたかい土地のくらし 沖縄県
監修／ 長谷川直子　山本健太

② 寒い土地のくらし 北海道
監修／ 長谷川直子　山本健太　宇根 寛

③ 雪国のくらし 新潟県十日町市・秋田県横手市
監修／ 長谷川直子　山本健太

④ 低い土地のくらし 岐阜県海津市・千葉県香取市
監修／ 長谷川直子　山本健太　宇根 寛

⑤ 高い土地のくらし 群馬県嬬恋村・長野県野辺山原
監修／ 長谷川直子　山本健太　宇根 寛

⑥ 山地のくらし 長野県飯田市
監修／ 長谷川直子　山本健太　宇根 寛

⑦ 火山とシラス台地のくらし 鹿児島県桜島・笠野原
監修／ 長谷川直子　山本健太　宇根 寛

⑧ 国境のくらし 長崎県対馬市
監修／ 長谷川直子　山本健太　宇根 寛

小学校高学年以上

N.D.C.291／A4変型判／各47ページ／オールカラー
図書館用特別堅牢製本図書

日本のさまざまな地形

地形とくらし

　人工衛星から見た地球は丸いボールのようですが、わたしたち人間の目で見ると、地球の表面はなめらかではなく、海や山や谷など凹凸があります。この地形が、気候やわたしたちのくらしに大きなかかわりをもっています。

　日本の国土は、山が多く、火山も多くあります。山地は日本列島を南北に背骨のように連なり、平地は少ないのが特徴です。そのため、地域によって気候が変わり、人びとのくらしぶりにも変化をもたらせたのです。

さまざまな地形

山地	標高が高く、山が集まっている地形。山地には、山脈、高地、高原、丘陵、火山などがある。
山脈	山が連続して、細長く連なっている山地。
高地	標高が高く、高低差がそれほど大きくないところ。
高原	標高の高いところに、平らに広がっている土地。
丘陵	低地の周辺にあり、標高がそれほど高くない場所。
火山	地下のマグマが、噴きだしてできた山。

平地	地面の凹凸が少なく、平らな土地。平地には、平野、盆地、台地、低い土地がある。
平野	河川の下流にある平地で、海面より高さが低い土地もある。
盆地	周囲を山にかこまれている平らな場所。
台地	平地の中で、台のように高く平らになっている土地。

大阪平野

飛驒山脈 ▶6巻

中国山地

播磨平野

木曽山脈 ▶6巻

筑紫山地

筑紫平野

九州山地

桜島 ▶7巻

宮崎平野

笠野原 ▶7巻

四国山地

紀伊山地

濃尾平野 ▶4巻

伊那山地

牧ノ原 ▶7巻

赤石山脈 ▶6巻